LE BUREAU
DU
VERITAS
DEVANT LE COMMERCE MARITIME

SON ORIGINE
SA MISSION PREMIÈRE, SES EMPIÉTEMENTS SUCCESSIFS
SA SITUATION ACTUELLE

NÉCESSITÉ D'UNE RÉFORME RADICALE

dans l'intérêt des Armateurs, Constructeurs, Capitaines de navire, Compagnies d'assurance
et du Commerce en général.

BORDEAUX
IMPRIMERIE G. GOUNOUILHOU
ancien Archevêché (entrée rue Guiraude, 11)
—
1860

LE VERITAS

I

En 1828, M. Charles Morel, un assureur d'Anvers, institua le Veritas français.

Cette institution, lors de sa création, avait pour but d'apprécier la valeur individuelle de chaque navire, afin d'éclairer les assureurs dans le choix de leurs risques.

M. Charles Bal, directeur de la compagnie d'assurance *le Lloyd français*, succéda à M. Morel, et s'empressa, avec une habileté incontestable, de démontrer la nécessité et la moralité de l'institution du Veritas, en publiant dans tous les ports maritimes de l'Europe que le seul but qu'il voulait atteindre était celui d'enlever aux navires innavigables la confiance des chargeurs et des passagers, et de forcer par ce moyen les armateurs à les faire disparaître, en leur ôtant tout moyen d'existence.

Une institution ainsi présentée, nous dirons sous des auspices aussi méritoires, devant agir dans un but purement moral, il n'en a pas fallu davantage pour qu'en France tous les armateurs, ceux mêmes susceptibles d'être lésés dans leurs intérêts par cette organisation nouvelle, se soient empressés de prêter leur concours à M. Charles Bal, en l'autorisant à porter et à classer leurs navires sur les registres de l'administration, selon leur mérite reconnu.

A cette époque, il n'existait pas de règlement : les experts du Veritas n'avaient pas pour mission de soumettre les armateurs à leurs exigences : ils se bornaient à visiter les navires officieusement ; puis, sur les renseignements qu'ils fournissaient au siége de l'administration, cette dernière les inscrivait sur ses registres ; il n'était pas besoin pour cela que la demande en fût faite ni qu'une rémunération soit accordée.

Les capitaines qui ne doutaient pas du bon état de leur navire, bien qu'ils eussent plusieurs années, n'étaient nullement tenus de l'ouvrir afin que l'expert du Veritas se rendît compte de l'état de la membrure ; on employait un moyen plus simple, celui de le sonder dans tous les endroits qui laissaient quelques doutes.

L'âge n'était pas le régulateur de la cote ; on s'assurait de la valeur propre du navire, et c'est sur cette valeur une fois reconnue, que s'établissait le degré de confiance qu'il méritait, en même temps que la classification qui devait lui être accordée.

Chaque navire était classé selon son mérite ; il n'était soumis, ni à un règlement obligatoire, ni à un programme absolu ; les experts du Veritas accompagnaient ceux de l'Amirauté dans leurs visites, mais n'obligeaient jamais les armateurs ou les capitaines à faire des réparations qui n'eussent pas été ordonnées par la Commission de l'Amirauté.

L'institution du Veritas se renfermait dans les limites qu'elle s'était tracées; elle ne mettait aucun obstacle à la liberté du commerce maritime; ses agents étaient d'une impartialité remarquable et n'eussent jamais empêché une innovation; ils se bornaient à apprécier les navires : c'était là leur seule mission.

La Commission d'Amirauté fonctionnait avec toute la force et la justesse de son caractère désintéressé, constatait officiellement le bon ou le mauvais état des navires, exigeait que les réparations ordonnées par elle s'effectuassent, donnait un certificat qui attestait du mérite réel des bâtiments qu'elle visitait et reconnaissait être en parfait état de navigabilité.

Cette Commission, dans ses attributions, remplissait son mandat rigoureusement; elle exerçait avec toute la plénitude de sa liberté de conscience, et on peut à juste titre reconnaître l'impartialité dont elle faisait preuve.

Qu'il nous soit permis de constater en passant que les avaries et les délaissements, proportionnellement au nombre des navires existants, étaient moins fréquents qu'aujourd'hui.

Les conditions d'administration restant les mêmes que par le passé, quel est l'armateur qui pouvait se refuser à l'inscription de son navire sur les registres du Veritas, surtout après qu'il fut démontré par le Directeur qu'il se bornait à établir un registre de renseignements indiquant l'âge des navires, le lieu de leur construction, la qualité des bois, etc., et cela uniquement pour éclairer les assureurs dans le choix de leurs risques et renseigner les chargeurs sur la valeur du navire, afin de ne pas compromettre leurs expéditions? Évidemment, aucun. On comprenait bien qu'à Paris il était difficile de se procurer alors tous les renseignements désirables sur les navires, et que les expéditeurs comme les assureurs de cette ville seraient en effet facilités en les trouvant établis dans un annuaire.

Il eût, du reste, été difficile de refuser, par exemple, à une compagnie d'assurance l'autorisation de visiter un navire dont le risque lui aurait été proposé. Certainement, on eût empêché à celle-ci de l'ouvrir; on n'eût pas souffert qu'elle s'immisçât dans les attributions de la Commission de l'Amirauté en ordonnant telle réparation qu'il lui eût plu d'exiger pour couvrir l'assurance; mais on lui eût permis d'assister à l'expertise.

Eh bien! depuis la création du Veritas jusqu'en 1852, cette administration n'en exigea pas davantage; elle resta dans son rôle purement moral; ses experts étaient convenables; beaucoup de capitaines appréciaient les conseils de ceux d'entre eux qui possédaient les capacités requises pour exercer les fonctions dont ils étaient investis; aucun d'eux n'avait la prétention de contraindre les capitaines à l'exécution des avis ou indications qu'ils leur donnaient; chacun restait dans le rôle qui lui appartenait; nul, par ostentation, ne cherchait à troubler la marche ordinaire des choses; tout fonctionnait et se passait au gré des intéressés.

Ne peut-on pas dire aujourd'hui que rien ne séparait alors la confiance qui devait exister entre l'assureur et l'assuré au point de vue de leurs intérêts opposés, placés sous une même tutelle, puisque les capitaines auxquels ils étaient confiés avaient le plus grand intérêt à prêter tous leurs soins à la conservation des navires dont ils avaient le commandement?

Les résultats de leur voyage dépendaient de la célérité avec laquelle ils l'accomplissaient. Aussi, éviter une avarie était leur préoccupation constante, et les délaissements n'avaient lieu que lorsqu'à al suite d'une fortune de mer, les bâtiments étaient dans un état tel, que toute réparation devenait impossible.

Les difficultés avec les assureurs étaient plus rares qu'aujourd'hui, les procès moins nombreux.

Une quantité de navires naviguaient après vingt années de construction, se trouvant encore dans un état parfait. Mais quels soins! A peine arrivé dans le port d'armement, le constructeur se rendait à bord, visitait le navire, indiquait les réparations nécessaires, lesquelles s'exécutaient sous la surveillance du capitaine, intéressé lui-même à voir son navire dans de bonnes conditions ; tout concourait à sa propre conservation. L'armateur y était attaché ; le constructeur, le considérant comme son enfant, avait l'amour-propre de le voir durer longtemps, et le capitaine était fier de le commander. Une grande partie de ces navires venaient, à bout de durée, se faire condamner par les constructeurs dans leur port d'armement. Qui l'ignore ?

Mais, nous a-t-on souvent demandé, pourquoi donc des navires qui étaient construits avec moins d'art et de solidité que ceux existant aujourd'hui duraient-ils plus longtemps ? La réponse est bien simple.

Lorsqu'un armateur faisait construire un navire, il avait l'intention de le conserver pendant toute la période de sa durée ; le capitaine qui en prenait le commandement exerçait sur la construction la plus grande surveillance; les officiers du bord et un maître charpentier, payés à cet effet, lui étaient adjoints; ils veillaient scrupuleusement à ce que tous les bois employés fussent sains; ils n'auraient pas souffert la mise en place d'une seule pièce qui ne fût dans des conditions de bonté et de sécheresse, en prévision d'une longue durée. Si quelques morceaux de bois défectueux passaient inaperçus du constructeur ou des surveillants, ce qui était très-rare, il est bien certain que, dans l'ensemble de la construction, ils ne pouvaient être d'aucune importance.

La condition *sine quâ non* qui liait le constructeur avec l'armateur n'était pas celle de la cote au Veritas pour sept ans; on eût taxé de plaisanterie une semblable proposition.

Les constructeurs remettaient un devis du navire leur paraissant remplir les conditions et qualités désirables pour la navigation qu'il devait entreprendre, et lorsque ce devis était accepté, la seule exigence formant une clause spéciale se bornait à établir que tous les bois et matériaux seraient choisis et devraient être acceptés par le capitaine avant leur mise en place.

Les constructeurs mettaient le plus grand empressement à changer les bois ou matériaux qui ne se trouvaient pas être de la convenance du capitaine, et, il faut leur rendre cette justice, ils tenaient tellement à satisfaire leurs clients, qu'ils allaient au-delà de bien des choses qu'on aurait pu rigoureusement exiger d'eux.

Mais ils avaient le libre arbitre de la construction; l'expert du Veritas ne venait pas les soumettre à un programme absolu, ni les obliger à remplacer un bon morceau de bois par un plus mauvais; ils étaient constructeurs, et nul autre qu'eux ne s'occupait des applications à faire dans l'intérêt de l'art, de la solidité et de la durée du navire. Aussi, nonobstant le système de liaison, moins compliqué que celui admis aujourd'hui, il n'est pas douteux que les navires résistaient plus longtemps à la mer.

Ce sont encore les mêmes constructeurs; mais souvent ils ne peuvent pas disposer à leur gré des applications favorables à la durée.

L'expert du Veritas, aujourd'hui, est le seul arbitre; ses appréciations sont également les seules qui régissent la matière, puisque en cas de non exécution de l'absurde programme consigné dans le règlement, il lui appartient de classer les navires à une cote inférieure à leur mérite.

Que l'on ne demande donc plus pourquoi les navires durent moins qu'ils ne duraient autrefois! Que l'on ne cherche pas la cause des nombreux délaissements qui se font à l'étranger pour le compte des assureurs, et portant principalement sur de bons navires.

Ces deux questions, qui s'agitent aujourd'hui et préoccupent les esprits les plus haut placés, le Veritas pourrait facilement les résoudre; mais nous sentons la nécessité de ne pas lui proposer une mission qui, à notre avis, est diamétralement opposée à ses intérêts. Guidé par notre expérience, que les événements de chaque jour éclairent, nous allons aborder ces questions en confiance, avec la certitude d'arriver à leur juste solution.

II

En 1851, M. Charles Bal imagina un nouveau règlement relatif à la construction, « afin, disait-il, de donner aux navires des armateurs qui ne craignaient pas les investigations des experts du Veritas, une juste préférence. » Il proposa de les coter à terme.

Pour réaliser cette pensée, il fallait soumettre les navires à des prescriptions toutes particulières. A cet effet, M. Charles Bal conçut l'idée de les ouvrir à des époques déterminées ; il conçut aussi celle de délivrer des certificats de cote à terme, moyennant une rétribution en rapport avec le tonnage, et par un tarif, il limita le prix et le nombre de vacations que seraient en droit de faire les experts du Veritas durant la construction ou les réparations des navires.

Ces nouvelles prescriptions, que M. le Directeur eut la prétention de rendre immédiatement obligatoires, furent par lui appelées une *innovation*. (Registre Veritas, 1853.)

M. Charles Bal ne se dissimulait pas que son nouveau règlement se trouvait en opposition avec les progrès de la concurrence et du bon marché ; il le déclara dans le registre Veritas, en disant que cela conduirait à n'avoir que de mauvais navires et qu'il voulait y mettre un terme.

Pour couronner l'innovation de l'habile Directeur du Veritas, il s'agissait de prouver que les bâtiments construits d'après ses nouvelles prescriptions (devant se payer fort cher et variant peu dans les prix, puisqu'ils étaient soumis, à tonnage égal, au même programme), fussent meilleurs que ceux construits précédemment. C'est précisément ce que M. Charles Bal n'a jamais démontré.

L'expérience de chaque jour nous indique au contraire que les navires construits sous la direction des experts du Veritas pour lesquels on a suivi en tous points les prescriptions du règlement de 1851, n'atteindront jamais la durée de ceux qui furent établis précédemment au gré des constructeurs, sous la surveillance de leurs capitaines respectifs ; d'où il faut conclure que l'innovation de M. Charles Bal coûte bien cher aux armateurs qui ont favorisé la mise en vigueur de son règlement de 1851, surtout s'ils s'en sont rapportés, en ce qui touche l'exécution, aux soins et à la direction des experts de l'administration du Veritas.

Avant de mettre en vigueur une mesure aussi sérieuse, le Directeur du Veritas eut le bon esprit de consulter les diverses Chambres de commerce des ports maritimes. Il n'était plus question de continuer à maintenir une institution établie dans un but purement moral, n'ayant d'autre caractère qu'un simple bureau de renseignements : il s'agissait de la voir se transformer en institution spéculatrice et omnipotente.

La Chambre de Commerce de Nantes fit une vive opposition.

M. Charles Bal, éprouvant de ce côté une résistance inébranlable, s'adressa à celle de Bordeaux, la priant d'examiner son projet ; celle-ci prit l'initiative de cet examen, et engagea les Chambres de Commerce des autres ports à suivre son exemple.

La Chambre de Commerce de Bordeaux voulut bien, sur la demande de M. Charles Bal, entendre les explications qu'il proposa de fournir, et vu l'adoption par ce dernier des garanties toutes particulières qu'elle exigea, elle donna son approbation à la mise en vigueur du nouveau règlement, par lettre datée du 3 juillet 1852 dont suit la teneur :

Les Membres composant la Chambre de Commerce de Bordeaux, à Monsieur Charles Bal, l'un des gérants du Bureau Veritas, à Paris.

« Monsieur,

» Nous avons eu l'honneur de recevoir votre lettre du 24 juin dernier, dans laquelle vous mentionnez les changements que vous avez l'intention d'apporter à quelques articles de votre Règlement, conformément à la nouvelle rédaction que nous avons arrêtée ensemble. Vous avez bien voulu aussi y renouveler l'engagement que vous aviez pris devant nous de consigner ces modifications dans la prochaine édition de votre travail.

» Nous sommes très-satisfaits de voir ainsi disparaître entre nous toute cause de malentendu, et il ne nous reste qu'à faire des vœux pour le succès de votre entreprise, qui rend d'importants services au commerce.

» Veuillez agréer, Monsieur, l'assurance de notre considération distinguée. »

(Suivent les signatures des Membres de la Chambre de Commerce.)

Déjà, les Chambres de Commerce du Havre et de Saint-Malo avaient fait connaître à l'administration du Veritas qu'elles approuvaient le règlement; celles des autres ports donnèrent leur approbation tacite; la Chambre de Commerce de Nantes seule résista.

Une longue lettre, qu'il est inutile de reproduire ici, fut adressée aux membres de cette Chambre par le Directeur du Veritas, à l'effet de leur démontrer la nécessité d'introduire les innovations projetées, en même temps que l'immense avantage que trouveraient les armateurs en laissant construire leurs navires selon le programme du Veritas, sous la direction et les soins de l'expert de cette administration, qui, dans l'intérêt du commerce, devait avoir le libre arbitre de la classification et des réparations; mais les membres de la Chambre de Commerce de Nantes ne furent pas de cet avis. Voyant, au contraire, dans ce changement la transformation d'une institution morale en institution spéculatrice ; prévoyant aussi les entraves que susciterait l'admission de principes diamétralement opposés à la liberté commerciale, ils restèrent inflexibles dans leur décision.

Le Directeur du Veritas n'avait pas atteint son but. La Chambre de Commerce de Bordeaux, la seule qui eût pris l'initiative d'examiner le règlement, ne l'avait accepté que sous certaines réserves ; il était donc de l'intérêt d'un Directeur sage de ne pas brusquer les choses. M. Charles Bal le comprit, et laissa au temps le soin d'effacer dans la pensée du commerce maritime l'intérêt tout particulier qui l'avait poussé à proposer une réforme radicale. Tous les navires jouissaient, comme par le passé, du prétendu avantage de la cote, et celle à terme était facilement accordée à ceux pour lesquels les armateurs ou les capitaines la demandaient.

M. Charles Bal n'a pas nié l'inconvénient qu'il prévoyait à l'introduction d'un nouveau règlement ; néanmoins, il ne considéra pas comme un échec l'adhésion aux conditions qui lui furent imposées par la Chambre de Commerce de Bordeaux ; il redoubla au contraire de persévérance jusqu'à ce que l'oubli eût mis un terme à l'opposition qui lui avait été faite.

Durant cette période, les experts de l'administration du Veritas étaient bienveillants, donnaient quelquefois des conseils ; mais l'opinion qu'ils manifestaient était purement officieuse ; quand ils se présentaient à bord des navires, on les accueillait avec complaisance, sûr d'avance qu'ils procéderaient avec sagesse.

En 1853, le nouveau Règlement parut imprimé sur les registres du Veritas. Certes, pour que les prescriptions en eussent été raisonnables, il eût fallu leur faire subir de larges modifications ; mais comme les articles 17 et 18 qui s'y trouvaient consignés, et que nous reproduisons ci-dessous, donnaient aux armateurs les garanties suffisantes afin d'être à l'abri du caprice des experts dans les appréciations de classement, le commerce se tint pour satisfait :

« Art. 17. — S'il y a désaccord entre le propriétaire d'un navire et l'expert, sur les réparations à faire exécuter, ou sur la cote qui aura été appliquée, ils soumettront leur différend à une commission composée de deux membres, choisis par les parties.

» En cas de partage, un troisième membre sera nommé par le Tribunal de commerce, à la requête de la partie la plus diligente. La commission ainsi formée jugera souverainement ; les frais auxquels le désaccord donnera lieu seront à la charge de la partie qui succombera.

» Art. 18. — Les navires dont les propriétaires ne voudront pas se soumettre au présent Règlement, continueront d'être classés au Veritas sans indication de période de durée. »

Tous les efforts qui furent tentés par le Directeur du Veritas à l'effet de convaincre la Chambre de Commerce de Nantes de la nécessité d'adopter des mesures nouvelles, restèrent sans résultat. Les garanties que la Chambre de Bordeaux avait exigées ne parurent pas suffisantes aux armateurs de la place de Nantes, pour céder aux sollicitations de M. Charles Bal.

La Chambre de Commerce de Bordeaux fut donc la seule qui, en 1852, prit l'initiative d'examiner le Règlement que le Veritas voulait introduire ; c'est après un mûr examen qu'elle l'adopta, sous les réserves des articles 17 et 18 que nous venons de citer.

Il n'y avait, en effet, pas d'obstacles à autoriser l'introduction d'un Règlement n'étant applicable qu'aux navires que l'on voudrait coter à terme, puisque d'autre part il était bien entendu que les armateurs qui ne voudraient pas faire assigner une durée à leur cote, ou qui ne jugeraient pas à propos de s e conformer aux prescriptions du Veritas, leurs navires n'en seraient pas moins cotés sur les registres selon leur mérite, et cela gratuitement.

En présence de difficultés provenant des représentants du commerce maritime, qui repoussèrent d'abord l'innovation de M. Charles Bal, les experts du Veritas placés dans les divers ports redoublèrent de zèle et d'activité auprès des armateurs et des constructeurs les mieux placés, afin d'obtenir d'eux que leurs navires fussent construits selon le programme de l'administration.

Ces experts cédaient volontiers à toutes les modifications qu'il plaisait aux constructeurs d'y apporter et qui étaient de la convenance de l'armateur; mais ce à quoi ils tenaient essentiellement, c'était d'être appelés à visiter les constructions aux périodes déterminées par le nouveau Règlement, et à être consultés sur les changements apportés par les constructeurs dans l'exécution des navires.

Pour arriver à réaliser la pensée de M. Charles Bal, les experts du Veritas devaient concentrer tous leurs efforts et consacrer toute leur intelligence à l'effet d'habituer le commerce maritime à leur présence durant les constructions et pendant les réparations, surtout à ce qu'il s'habituât à recevoir leur avis, puis à ce qu'il payât leurs vacations comme une juste rémunération de services rendus.

MM. les Experts du Veritas étaient à cette époque d'une complaisance extrême vis-à-vis des armateurs les mieux posés et des constructeurs les plus influents; ils n'étaient d'une exigence que l'on comprenait à peine qu'envers les autres armateurs et les constructeurs des petites localités; et comme ces derniers ne connaissaient pas leur véritable situation par rapport à ces experts, qui venaient s'immiscer dans l'application de la construction et donner des ordres que, par un moyen ou par un autre, ils parvenaient à faire exécuter, sous peine de déconsidérer leur navire, ils gagnaient ainsi du terrain dans la voie que l'administration leur avait tracée.

C'est en agissant de la sorte, c'est-à-dire en s'imposant aux uns avec énergie, en cédant aux autres avec souplesse, que les Experts du Veritas parvinrent à habituer le commerce à ne pouvoir se passer d'eux. Pendant que les agents des ports travaillaient avec ardeur à consolider les nouvelles bases introduites par l'intelligent directeur de l'administration, M. Charles Bal, celui-ci, de son côté, agissait auprès de ses principaux abonnés, qui n'étaient autres que des directeurs de Compagnies d'assurance, afin d'exiger d'eux qu'ils se refusassent à couvrir les risques sur les navires qui ne seraient pas portés sur les registres avec la cote correspondant à leur mérite.

L'engagement que pouvaient prendre alors les directeurs des Compagnies d'assurance avec l'administration du Veritas n'avait aucune portée et ne pouvait en quoi que ce soit être préjudiciable aux armateurs, attendu que tous les navires, sans qu'il eût été nécessaire de le demander, avaient été enregistrés et cotés.

Le directeur du Veritas agissait en prévision de l'avenir, et cette mesure, aussi adroite que nouvelle, ne fut sollicitée par lui avec d'autre intention que celle d'arriver à la réalisation de son premier projet, consistant à rendre son Règlement obligatoire pour tous les armateurs.

En l'année 1854, par un avis inséré dans les registres du Veritas, l'attention des armateurs fut appelée sur le nouveau Règlement. Le directeur de cette administration était à cette époque parvenu à convaincre les Compagnies d'assurance et à persuader aux expéditeurs que les navires qui n'étaient pas cotés au Veritas ne méritaient aucune confiance. Les cotes étant alors données gratuitement, il n'y avait donc, de l'avis de cet administrateur, que les navires innavigables qui refusaient la visite des experts du Veritas.

Dans le but de donner à l'institution du Veritas un caractère important, et afin de cacher au commerce l'intérêt que pouvait avoir le gérant à ce que tous les renseignements concernant le mérite des navires émanassent de l'appréciation toute personnelle de ses experts, ceux-ci feignirent de se borner exclusivement à la protection des intérêts des assureurs; établissant dans le classement des navires différentes nuances, ils aidèrent à leurs spéculations des primes. Dès lors, le concours des assureurs pour le Veritas n'était plus douteux, la cote devenait par ce fait obligatoire. — Un avis aux abonnés, inséré dans le Registre de 1854, l'indiqua formellement. En voici la teneur :

« Tout le monde a compris, disait M. Charles Bal, que dans l'état actuel des affaires, il est devenu impossible à un propriétaire de navires, s'il veut être assuré et obtenir du fret, de se soustraire à la visite faite pour le compte des assureurs et chargeurs; il serait donc à désirer que tous les armateurs fussent convaincus de la nécessité d'intervenir régulièrement dans la visite des experts, et de suivre la classification des navires, afin d'éviter les réclamations tardives.

» Toute demande de visite *implique* l'acceptation des prescriptions du *Règlement*. »

Dans ce dernier paragraphe, le grand mot fut lâché.

En même temps que l'administration du Veritas donnait à ses abonnés l'avis qui précède, elle substituait à l'article 18 du Règlement, que nous avons déjà cité, un nouvel article ainsi conçu :

« Les navires dont les propriétaires ne demanderont pas de certificats de durée, continueront d'être cotés gratuitement comme par le passé ; mais la visite et l'insertion n'auront lieu que sur demande faite par écrit. »

Puis vint un adjutorium qui se résumait à peu près dans les termes suivants :

« Pour les navires cotés gratuitement, en cas de désaccord sur la cote, la Commission chargée de juger devra se renfermer dans les prescriptions du Règlement, qui devra, dans ce cas, faire *la loi des parties*. »

Par cette substitution, l'administration du Veritas violait les engagements qu'elle avait pris avec la Chambre de Commerce de Bordeaux et celles des autres ports, et annulait à leur insu une des principales garanties qui furent réservées par ces corporations lorsqu'elles adhérèrent à la mise en pratique du Règlement de 1851.

L'administration du Veritas indiquait par ce fait qu'elle ne voulait plus coter les navires gratuitement ; qu'elle n'inscrirait par conséquent sur ses registres que les navires qui demanderaient à être cotés à terme ; elle voulait, en un mot, cesser d'être une institution morale, et se présentait sous son véritable jour : ce qu'elle prétendait, c'était spéculer !

La Chambre de Commerce de Bordeaux fut-elle prévenue de ce

changement subit exécuté par l'administration du Veritas ? Non ; le changement se fit à son insu, à l'insu des Chambres de Commerce des autres ports qui avaient accepté le Règlement sous les mêmes réserves qu'elle, et l'on ne s'aperçut de la nouvelle situation qu'après le fait accompli.

Par suite de cette hardie combinaison de l'administration du Veritas, les rôles venaient d'être changés : les experts qui, précédemment, avaient ordre de se rendre à bord de tous les navires, et qui souvent réclamaient des armateurs l'autorisation de les visiter, ne firent plus de visites que la demande ne leur en fût adressée.

A bord, ils soulevaient des questions de toute nature, ils exigeaient l'exécution de leurs ordres ; ils finirent enfin par ne plus vouloir coter les navires qu'à terme et moyennant une forte rétribution.

La Chambre de commerce de Nantes, à laquelle s'étaient joints les armateurs de la place, s'éleva avec énergie contre le despotisme du Veritas, dont le directeur venait de violer les engagements solennels qu'il avait contractés avec les représentants du commerce maritime en 1852.

Abusant de la confiance que lui avaient accordée ces représentants en particulier et les armateurs en général, l'administration du Veritas imposa aux navires des taxes considérables, fit accepter aux capitaines ses experts, qui, dès ce moment, ne visitèrent plus les navires officieusement : *ils s'érigèrent en ordonnateurs !*

M. Charles Bal se rendit aussitôt à Nantes ; mais les explications qu'il donna à la Chambre de Commerce de cette ville ne prouvèrent pas que son innovation tendait à moraliser les spéculateurs à bon marché, car toutes les apparences étaient contre lui, et tout dénotait d'ailleurs qu'il voulait spéculer pour son propre compte. Dès ce moment, les armateurs nantais renoncèrent au Veritas.

Coalisé avec les directeurs des Compagnies d'assurance qui favorisèrent de leur concours la création du Veritas, ce directeur infatigable, profitant de l'habitude qu'avaient prise les expéditeurs et les courtiers maritimes de consulter les registres de son administration, confiants tous dans la moralité dont elle avait fait preuve pendant vingt-six années d'existence ; ce directeur, disons-nous, n'hésita pas à déclarer que la visite de ses experts se faisait pour le compte des assureurs et des chargeurs (voir registre 1854), ce qui ne l'empêcha pas d'exiger que le montant en fût payé par l'armateur, sous peine de ne plus coter son navire.

Que firent les armateurs de Bordeaux ? Ils restèrent inactifs ; ceux des autres ports, à l'exception de Nantes, suivirent à peu près leur exemple : ils se conformèrent tous à ce système tout nouveau, qui leur était cependant très-préjudiciable. Plusieurs d'entre eux élevèrent quelques murmures ; mais les échos de ces plaintes se perdirent au milieu des voix de quelques favorisés, et tout fut fini.

Dès lors, rien ne fut plus facile que de persuader aux chargeurs habitués à consulter le Veritas, que tous les navires qui n'y figuraient pas étaient mauvais ; les courtiers maritimes, sans autre pensée que celle de favoriser leurs clients armateurs, se chargèrent de ce soin.

Quand deux navires étaient mis en charge pour le même port

et n'avaient pas une même cote, le courtier chargé de celui jouissant de la meilleure représentait sans cesse aux expéditeurs chez lesquels il se rendait pour recruter le fret, les avantages certains qu'ils devaient rencontrer en mettant leurs marchandises à bord du navire le mieux coté, et dont le mérite, par rapport à celui de son concurrent, ne pouvait être mis en doute.

Les chargeurs cédaient sous l'influence de ce langage, et finirent par s'habituer à un système vicieux qui semblait leur être avantageux, en ce sens qu'ils profitaient eux-mêmes de cette différence de cote complétement illusoire pour obtenir une diminution sur le fret lorsqu'ils chargeaient sur le navire dont la cote était inférieure. — L'avantage n'était qu'apparent.

Les assureurs, de leur côté, profitaient de la différence que faisait l'expert du Veritas dans le classement des navires pour spéculer sur les primes.

L'administration du Veritas, associée forcément aux combinaisons des assureurs, trouva le moyen de favoriser ces derniers dans leurs spéculations, en établissant dans chacune des trois divisions de classement trois catégories de navires.

Les primes d'assurance furent augmentées pour chaque navire faisant partie des divisions et catégories inférieures à la première ; d'une autre côté, les chargeurs diminuant le fret, les armateurs se crurent forcément obligés d'accepter la loi d'une administration représentée par un seul homme (l'expert du Veritas), lequel, profitant de la situation, ordonnait en maître et obligeait les armateurs à se conformer aux prescriptions vicieuses de son Règlement, sous peine de voir rayer leurs navires des registres, et par ce fait leur faire perdre la confiance qu'ils méritaient.

Indépendamment de cette réunion de moyens imaginés et employés à détruire la confiance, les experts du Veritas prenaient, à l'insu des armateurs, des notes secrètes sur les navires qu'ils visitaient; consignaient ces notes sur un registre contenant leurs appréciations personnelles, basées sur les prescriptions que l'on se refusait d'exécuter; et lorsque chargeurs ou courtiers se rendaient auprès d'eux afin d'avoir des renseignements sur ces navires, de fait rayés des registres, ils étaient certains de les trouver défavorables.

On se demandait alors qui avait raison, de la Commission d'Amirauté leur ayant délivré un bon certificat de navigabilité, ou de l'expert du Veritas?

La diffamation contre tel ou tel navire s'exerçait ainsi dans toute sa plénitude, non pas ostensiblement, mais clandestinement, ce qui était encore plus nuisible. Les conséquences en étaient supportées par les armateurs; les assureurs en profitaient en raison de l'augmentation sur les primes qu'ils faisaient subir aux navires mal ou non cotés, et l'administration du Veritas, à laquelle on avait accordé toute confiance, abusait de cette situation étrange qu'elle était parvenue à établir, pour mettre en évidence la manière d'opérer de M. Charles Bal, consistant à faire payer aux armateurs les renseignements que les experts du Veritas fournissaient aux tiers qui leur étaient opposés, et tout cela afin d'encaisser, sans bourse délier, des bénéfices considérables.

III.

Dans le mois de décembre 1856, l'administration du Veritas songeait à devenir une institution officielle. Une conférence eut lieu au Ministère de l'agriculture, du commerce et des travaux publics, où assistaient les délégués des Chambres de Commerce.

Trois questions furent posées dans l'ordre suivant :

1° Que pensez-vous de la visite de l'Amirauté en elle-même, par rapport à son objet et dans son mode d'exécution?

2° Que pensez-vous de la visite du Veritas, au point de vue général de sa cote?

3° Le certificat de visite délivré par le Veritas seul avec la cote sur ses registres ne pourrait-il pas suppléer au certificat actuel des capitaines visiteurs?

Les délégués des Chambres de Commerce, à l'exception de celui de Nantes, se prononcèrent en ces termes :

1° La visite, telle qu'elle se pratique, offre à tous les intérêts qu'elle a pour objet de sauvegarder les garanties désirables; mais il serait utile qu'un Règlement parfaitement étudié et uniforme fût imposé à tous les ports;

2° Le Veritas nous paraît une institution éminemment utile; sa cote, connue sur tous les points du globe, est une lettre de crédit qui détermine le degré de confiance que chaque navire doit inspirer aux assureurs, aux affréteurs, aux chargeurs. Sans doute, son intervention, au moment de la construction surtout, a des inconvénients, ainsi que le règlement de la cote par ses experts; mais l'inscription sur ses registres n'étant pas obligatoire, et l'expertise contradictoire, en cas de contestation, ayant été ménagée, ces inconvénients se trouvent considérablement atténués ;

3° Sur la troisième question, comme il s'agissait de supprimer le certificat officiel des experts visiteurs de l'Amirauté pour le remplacer par le certificat que délivreraient arbitrairement les experts du Veritas, il parut qu'en outre des difficultés qui pourraient s'élever au départ des navires entre ces experts et l'armateur, il y avait, au point de vue des assurances, danger réel à renoncer à une formalité dont la constatation établit en faveur du navire la présomption légale de son état de navigabilité. Messieurs du Veritas, d'ailleurs, ne deviendraient-ils pas, par ce fait, arbitres souverains dans l'appréciation et dans la cote du navire?

Telles furent les conclusions heureuses des délégués des Chambres de Commerce en 1856. Nous en dirons quelques mots.

Les délégués concluaient-ils dans l'esprit du commerce consulté, ou bien se laissaient-ils aller à la pensée de ce que le Veritas fonctionnait régulièrement et que les armateurs étaient à l'abri de toute atteinte *de l'arbitraire et du caprice de ses agents?* C'est ce que nous ignorons. Toujours est-il que nous considérons comme très-heureux qu'il ait été reconnu que si on substituait le certificat arbitraire délivré par le Veritas au certificat officiel donné par les experts de l'Amirauté, cela pourrait amener de graves inconvénients et de sérieuses difficultés.

L'administration du Veritas avait été reconnue par les délégués comme éminemment utile. Ces délégués connaissaient-ils bien tous les rouages de cette administration? Il n'est pas probable.

Comme la prétendue utilité du Veritas avait été reconnue presque à l'unanimité par les représentants du commerce maritime français, les experts de cette institution ne faisaient qu'accroître leurs exigences, et les armateurs, enveloppés dans le réseau des spéculations diverses agissant contre eux et dirigées par le Veritas, se laissaient entraîner sous le joug de ses agents, lesquels, pour atténuer les observations qui leur étaient faites sur leur mode de procéder ou leur manière d'apprécier les navires, répondaient avec un calme admirable : « *Si vous voulez que votre navire soit coté, il faut exécuter les changements que nous avons ordonnés.* » Ou bien encore : « *Le Veritas est une institution privée; il n'y a pas de puissance humaine qui nous fera coter un navire qui ne se soumettra pas aux prescriptions du Règlement.* »

Comme le disait M. Charles Bal en 1853, dans un avis à ses abonnés : Il avait fait une innovation. Il avait, en effet, d'une institution morale qu'était le Veritas, et qui rendait de grands services, fait une institution spéculatrice employant tous les moyens en son pouvoir afin de prélever sur les navires une somme dont l'importance augmentait progressivement, et qui était fixée en raison du tonnage des navires et du nombre de visites que faisaient ses experts.

Mais, nous dira-t-on, les garanties exigées par la Chambre de Commerce de Bordeaux lors de la mise en vigueur du Règlement de 1852, et reconnues suffisantes par les délégués de 1856 pour empêcher l'empiétement du Veritas, qu'étaient-elles devenues?

Celles consignées dans l'article 17 existaient encore ; mais l'administration du Veritas, sur ce point, était inabordable. Quel est donc l'armateur qui eût franchement soulevé quelque objection à la vue de ce qui se passait ?

Ce qui se passait est ceci : les experts du Veritas cédaient volontiers aux armateurs dont l'influence leur inspirait quelque crainte, et ne se montraient absolus qu'envers les plus timides ; ces derniers exécutaient ponctuellement leurs ordres sans réplique, nonobstant le contrôle qu'ils étaient en droit d'exiger, et cela afin de ne pas déplaire à ces experts, qui d'un seul mot, pouvaient compromettre leur fortune.

Grâce à la pusillanimité des armateurs et à l'assistance de quelques amis, qui pour protéger des intérêts personnels ne craignaient pas de laisser souffrir les intérêts généraux, l'administration du Veritas acquérait chaque jour une plus grande importance, les experts eux-mêmes voulaient être plus que des conseils inutiles : ils entendaient ordonner en maîtres, cela entrait dans les vues de l'administration. Le but que se proposait le Veritas était déjà atteint en fait : il voulait être omnipotent. Il ne s'agissait plus que de l'acquérir en principe. Pour ce faire, il fallait supprimer les garanties stipulées dans l'article 17 de son Règlement. Cette suppression ne se fit pas attendre.

La première occasion qui se présenta fut saisie par l'administration. La contre-expertise, aux termes de l'article 17, fut refusée. Ce refus amena des colloques entre les capitaines et les experts du Veritas ; car ceux-ci, par le refus de se conformer à leurs engagements écrits, violaient le droit commun des parties. Loin de céder à la justesse des réclamations faites par les armateurs ou les capitaines qui se trouvaient lésés par suite de ce changement subit, l'administration, au contraire, maintint la décision de ses agents d'une manière absolue. La copie d'une lettre que l'on a remise entre nos mains, et de laquelle nous extrayons les principaux passages, suffira à éclairer ceux qui nous liront sur l'omnipotence du Veritas. Voici cet extrait :

« Pour mon navire le *Banquereau*, construit avec le plus grand soin et sur un devis des plus détaillés, il plut à M. l'Agent du Veritas de notre port, par caprice ou vexé peut-être de n'avoir pas eu de vacations en dehors de celles exigées par son administration, de *refuser la première cote à ce navire*, prétendant que le pont n'était pas en pitch pin ou en sapin rouge du nord de l'Europe, ainsi que des petits riens qu'il avait remarqués dans la construction. Le pont était en sapin rouge du nord des États-Unis dont se servent tous les packets américains ; j'eus beau le lui faire observer, il s'en entretint avec son directeur, et enfin ils ne voulurent pas en démordre, prétextant que c'était en dehors du Veritas. Après avoir épuisé tous les moyens possibles pour arriver à nous entendre, je me décidai à assigner le Veritas devant le Tribunal de Commerce de notre ville, qui nomma des experts pour la visite de ce navire, et qui engagea la Compagnie à en nommer de son côté ; elle fut condamnée, et il me fut délivré un certificat par les trois experts nommés par le Tribunal, qui m'accordèrent la cote demandée ; la Compagnie interjeta appel ; elle fut encore déboutée ; alors il s'établit une correspondance directement entre M. le Directeur et moi sur cette affaire, dans laquelle il me fit entrevoir qu'il ne pouvait pas admettre un pareil jugement qui ferait principe pour eux, et qu'il serait forcé d'épuiser d'appel en appel pour avoir gain de cause. Comme mon navire n'était destiné que pour la pêche, et que le certificat obtenu me suffisait, je n'ai pas voulu suivre le procès, qui m'aurait coûté beaucoup d'argent. »

Il est regrettable que l'honorable armateur du *Banquereau* n'ait pas continué à suivre le Veritas sur le terrain où celui-ci l'avait placé, car nous ne voyons pas le moyen qu'eût employé le Directeur pour obtenir gain de cause et éviter de coter le navire 3/3 comme l'en avaient jugé digne les experts nommés par le Tribunal de Commerce, bien que dans toutes les circonstances où survient un désaccord entre un armateur et un des experts du Veritas, ce dernier s'appuie toujours sur ce qu'une institution particulière est libre d'accorder sa protection à qui lui convient. Nous ne sommes pas de cet avis; nous croyons, au contraire, que toutes les institutions commerciales n'ayant pas un caractère officiel, mais exerçant des attributions aux termes d'un règlement présenté par elles à l'adoption des représentants du commerce et accepté par ces derniers; nous croyons, disons-nous, que du jour où elles ne se conforment pas aux dispositions de ce Règlement et refusent d'accomplir le mandat qu'elles se sont imposé, si le refus peut être une cause de préjudice pour celui qui réclame le bénéfice de leur concours, elles sont passibles, indépendamment de l'obligation de remplir leurs engagements, de dommages-intérêts en rapport avec le préjudice qu'elles ont causé ou peuvent causer.

Voilà ce que bien des armateurs ignoraient peut-être; mais M. Charles Bal ne l'ignorait pas. Nonobstant cela, il autorisait ses agents à user d'un despotisme absolu, refusant tout contrôle.

Ce qu'il y a de plus extraordinaire et de plus difficile à comprendre dans tout cela, c'est la longanimité des armateurs vis-à-vis d'une administration n'ayant d'autre caractère que celui qu'ils ont daigné eux-mêmes lui accorder, laquelle chaque année frappe leurs navires de taxes nouvelles, établies arbitrairement et contrairement aux engagements qu'elle a contractés.

En 1859, l'article 17 du Règlement fut réformé; les garanties exigées par la Chambre de Commerce de Bordeaux furent complétement annulées par le Veritas. Par suite de cette réforme, la Commission contradictoire établie dès le principe n'avait plus le droit de juger par elle-même du mérite des navires pas plus que du classement à leur accorder ; sa seule mission était de voir si l'expert du Veritas s'était écarté des prescriptions du Règlement ; cette expertise devenait par ce fait complétement illusoire, en ce sens que les prescriptions du Règlement devaient à l'avenir faire la loi des parties.

Nous reproduisons le nouvel article 17, que l'on pourra comparer avec celui qui fut exigé par la Chambre de Commerce de Bordeaux en 1852. (Voir p. 14.)

« ART. 17. S'il y a désaccord entre le propriétaire d'un navire et l'expert sur l'application du Règlement pour la classification qui aura été fixée, ou sur les réparations ou changements à faire exécuter, ils soumettront leur différend à une Commission de visite composée de deux membres choisis par les parties. En cas de partage, un troisième membre sera nommé par le Tribunal de Commerce, à la requête de la partie la plus diligente. Le Règlement étant la base de la classification du Veritas, ses prescriptions feront exclusivement la loi des parties ; la Commission n'aura ainsi à examiner que l'application des articles ayant donné lieu aux différends, et elle constatera expressément dans son rapport si l'expert a fait une fausse application de ces articles. Dans ces limites, la Commission jugera souverainement. »

Le Veritas oublia tout à coup ses engagements ; ne tenant aucun compte de la bienveillance des Chambres de Commerce qui furent ses protectrices, il s'éleva d'un seul bond au comble de l'absolutisme et plia immédiatement ses clients sous le poids de son omnipotence. Que pouvaient faire les armateurs ? Chaque fois qu'ils présentaient aux assureurs un risque sur corps, ceux-ci, avant de prendre le risque, voulaient connaître la cote du navire ; s'il n'était pas inscrit sur les registres, ils refusaient l'assurance ou soulevaient une foule d'objections qui avaient pour résultat une augmentation de prime.

Les chargeurs, nonobstant le certificat de bon état de navigabilité délivré par les experts de l'Amirauté, ne voulaient pas charger si le navire n'était pas coté au Veritas, ou exigeaient une forte diminution sur le fret; et encore fallait-il qu'ils fussent certains de pouvoir assurer leurs marchandises.

Dans une semblable alternative, que faire? On aurait bien pu rendre l'administration responsable du dommage qu'elle pouvait occasionner à l'armateur en lui refusant la cote demandée, s'il était surtout bien prouvé que le navire était en mesure de l'obtenir; mais pour cela, il eût fallu faire un procès, et l'omnipotence du Veritas étant passée à l'ordre des faits accomplis, nul n'osait commencer l'attaque, craignant d'être obligé de marcher avec ses propres forces et de supporter seul les conséquences d'une lutte inégale.

Dans ces circonstances tout exceptionnelles, pas un armateur n'a songé à appeler l'attention de la Chambre de Commerce sur cette situation. Peu d'entre eux, il faut le dire, connaissaient les conditions auxquelles le directeur du Veritas souscrivit lorsqu'il fut autorisé à mettre en vigueur le Règlement de la cote à terme; d'un autre côté, les experts avaient le soin de ménager ceux qui pouvaient rappeler l'administration à l'ordre et faire rentrer le directeur dans les limites de ses engagements. C'est ainsi que les choses se sont passées jusque vers le milieu de l'année 1859.

Arrivé à ce degré de suprématie, le Veritas, se substituant au constructeur de navires, au capitaine, à l'armateur, aux experts de l'Amirauté, ne devait pas se contenter d'un modeste profit; aussi ne réformait-il pas ses Règlements sans ajouter de nouvelles taxes à ses tarifs. Nous ne craignons pas de le dire : s'il comptait autrefois avec des mille, il compte maintenant avec des millions.

Aujourd'hui, le constructeur n'a pas le libre arbitre de la construction ; l'armateur ne peut faire construire un navire selon ses vues, sans s'exposer à subir des pertes considérables résultant de la dépréciation que peut lui donner l'expert du Veritas. Le capitaine ne peut non plus disposer à son gré ni la mâture ni la voilure de son navire : il faut que les bâtiments soient construits selon les prescriptions émanant de l'administration.

Bien que le navire puisse se trouver dans des conditions supérieures de solidité et de durée en le construisant autrement, il ne doit et ne peut l'être qu'autant que l'expert du Veritas aura consenti à ce que l'on s'écarte de son programme.

C'est incroyable dans le siècle de progrès où nous sommes ! Cependant, cela se passe ainsi. En un mot, un navire ne peut être coté de 1re classe qu'autant qu'il se sera conformé aux absurdes prescriptions d'un bureau de renseignements; et s'il en déroge, l'expert de ce bureau a seul le libre arbitre de sa classification, c'est-à-dire qu'*il le cotera si cela lui convient*.

Les délégués des Chambres de Commerce n'avaient assurément pas prévu cette conséquence désastreuse en 1856 ? Enfin, voilà ce qui existe.

Ce n'est pas une institution officielle qui en agirait ainsi, puisqu'elle serait obligée de se conformer à ses statuts; si elle s'en éloignait, l'autorité de qui elle dépendrait saurait la rappeler à l'ordre. C'est un bureau de renseignements qui, profitant de la faiblesse et du peu d'unité des armateurs, est arrivé à ce degré d'omnipotence.

Il y a quelque chose dans le caractère des négociants français dont on se rend difficilement compte : c'est qu'ils se laissent accabler par l'arbitraire improvisé, même aux dépens de leurs intérêts ; qu'aucun d'eux n'ose s'élever avec énergie contre un abus, et qu'avant de le faire, il faut qu'ils soient tous bien certains de pouvoir compter sur un puissant appui.

Qu'y a-t-il de plus puissant, en fait d'appui, que le droit commun ? Il y a en France des Tribunaux, des Cours d'appel et une Cour suprême ; chacune de ces juridictions est composée de sept membres au moins. On peut bien dire que la fortune publique n'est à la discrétion de personne, et que, devant les juges, le plaignant et l'intimé ont le libre arbitre de la défense de leurs intérêts.

Le gouvernement ne dispose pas de la fortune particulière d'un individu, il lui donne au contraire toutes les garanties nécessaires à sa conservation.

Le Directeur du Veritas seul tient à sa merci la fortune d'un armateur, d'un constructeur ou d'un capitaine.

Oh! nous savons parfaitement que l'on ne cessera de nous répondre que cette administration est privée, et qu'elle n'est obligatoire ni pour les uns ni pour les autres. Très-bien ! Mais cette administration, instituée dès le principe dans un but purement moral, ne percevant des navires aucune rétribution, ne faisant aucun bénéfice, se bornant à prendre des renseignements exacts et précis dans l'intérêt de ses abonnés les assureurs de navires, ayant concouru à sa formation, cette institution, disons-nous, est passée à l'état de coutume ; il est donc de nécessité, pour l'armateur, de faire coter son navire. Et puis, si on nous dit toujours que le Veritas est une institution privée, il est un fait bien positif : c'est que toute industrie privée et autorisée qui déroge aux prescriptions qui lui sont imposées, est susceptible d'être supprimée, et cela indépendamment des dommages-intérêts en rapport avec le préjudice qu'elle cause.

Pourquoi donc l'administration du Veritas serait-elle seule privilégiée ?

En commerce, chacun s'occupe de ses propres intérêts ; il est évident que puisque le Veritas, en spéculant, fait aussi spéculer les assureurs et les chargeurs, ceux-ci exigent que les navires soient cotés.

Il résulte de tout cela, que les divers intéressés du navire, armateurs, chargeurs et assureurs, qui auraient le plus grand avantage à rester liés par la confiance qu'ils se doivent réciproquement, *leurs intérêts en cours de voyage étant placés sous une même tutelle,* se trouvent séparés dans cette confiance par une institution qui commence à encaisser d'abord le fruit de sa spéculation, et les laisse ensuite se débattre.

Le Veritas, lui, dans le débat est bien certain d'être à l'abri de toute atteinte ; ce qu'il veut est bien simple : C'est de conserver, en spéculant largement au détriment de chacun, ses allures morales et protectrices.

Personne n'ignore que l'innovation de M. Charles Bal (coter les navires à terme) est un leurre; car quel est celui des experts du Veritas, fussent-ils même tous réunis, qui pourrait apprécier la durée d'un corps flottant construit avec des matériaux de différentes espèces ?

Quel est l'expert du Veritas qui pourrait dire que tel navire neuf, auquel il donne la cote de 1re classe, durera plus longtemps que tel autre construit en même temps, et auquel il ne lui plait d'accorder que la 2e classe ?

L'expérience de chaque jour ne nous démontre-t-elle pas que, le plus souvent, les navires dépréciés par les experts du Veritas sont ceux qui ont la plus longue durée? Eh bien! puisque cette application est vicieuse, préjudiciable, en ce sens qu'elle favorise les uns au détriment des autres, pourquoi donc la continuer?

L'innovation de M. Bal peut bien lui être des plus lucratives, mais il est certain qu'elle cause dans la marine marchande un désastreux préjudice. Quelques mots suffiront pour en convaincre le lecteur.

Un corps flottant est pourvu d'une certaine énergie qu'il conserve tout le temps que son homogénéité et sa souplesse ne sont pas altérées; il résiste parce que la rigidité et la force de cohésion qu'il acquiert par l'assemblage bien compris de matériaux de différentes espèces, lui impriment la puissance et l'élasticité nécessaires pour sillonner les flots avec avantage, malgré la résistance qu'ils lui opposent.

Il est un fait certain, c'est que toutes les fois que l'on fera subir à un corps flottant, et sans besoin, une opération de dépouillement, conformément aux articles 13 et suivants du Règlement du Veritas, afin de s'assurer de l'état d'un navire, sous prétexte de l'impossibilité de pouvoir s'en rendre compte en procédant autrement, on détruira une partie de sa force primitive.

C'est en vain que l'on chercherait à prouver que la consolidation nouvelle mettrait ce corps flottant dans son état primitif, parce que chaque fois qu'une partie du système est dépouillée et que le chevillage en est extrait, bien qu'après visite faite le tout soit rétabli à nouveau, les bois et matériaux employés ne combinent jamais leurs effets avec ceux de la charpente primitive. Il en résulte donc forcément altération dans le système; l'homogénéité se détruit, la souplesse n'est plus uniforme, la rigidité qui existait dans toute l'étendue du corps ne s'harmonise plus, la force de cohésion se réduit, l'énergie et la puissance de ce corps flottant se trouvant naturellement diminuées, il perd une partie de ses avantages de résistance.

Qu'arrive-t-il alors? D'abord, au moindre mauvais temps, le navire fait de l'eau; cette eau augmente graduellement; des réparations s'opèrent, et néanmoins on ne peut arriver à étancher parfaitement le navire; ce que l'on croit être une voie d'eau n'est autre chose qu'une altération générale du système. C'est le principe de la destruction qui s'établit, s'aggrave sans cesse jusqu'à ce que le navire *termine ses jours* à l'étranger, et il ne faut pas pour cela de longues années. Aussi, voit-on une grande partie des navires qui ont passé par les règlements stricts du Veritas faire constamment des avaries dans leur cargaison et disparaître les uns après les autres de leur port d'armement.

Mais qu'importe au Veritas que ses applications soient vicieuses!

Il a la confiance des assureurs et des chargeurs, et la confiance que ceux-ci lui accordent est suffisante pour qu'il puisse courber les armateurs à ses principes.

Aujourd'hui, le Veritas spécule sur une grande échelle. Dès l'instant que la spéculation est l'œuvre principale d'une institution, peu doit lui importer de léser les intérêts d'autrui ; elle n'a à s'occuper que des siens propres. Aussi, donner des certificats de cote, faire des visites, ordonner des réparations, toutes ces choses sont des moyens excellents et lucratifs qui permettent au Veritas d'encaisser près de deux millions par an. Chacun peut vérifier ce calcul : il y a 26,601 navires cotés sur ses registres de 1860 ; avec le dernier tarif, on verra que nous ne sommes pas bien éloignés de notre compte. Et toute l'administration se compose de deux propriétaires! Le paiement des experts se trouve dans la vente des registres, qui, au prix de 100 fr., laisse un bénéfice plus que rémunérateur.

Quand on spécule, on ne s'occupe pas du préjudice que portent à autrui les procédés que l'on emploie.

Lorsqu'on réfléchit sérieusement, on se demande si les assureurs et les chargeurs, habitués dès le principe à se servir du Veritas avec confiance, ne se sont pas aperçus que depuis qu'il spécule, ce sont eux qui paient les frais de toutes les dépenses qu'a établies cette administration, en venant s'imposer comme une barrière séparant la confiance qui doit exister entre l'assureur et l'assuré, le chargeur et l'armateur? Nous sommes portés à le croire, et ce qui suffit pour nous convaincre dans l'opinion que nous formulons, c'est que depuis l'époque où le Veritas s'est lancé dans la voie de la spéculation, les assureurs se plaignent sans cesse des délaissements progressifs qui ont lieu pour leur compte, en même temps que de la quantité d'avaries majeures qu'ils sont obligés chaque jour de payer; que, d'un autre côté, les expéditeurs ou chargeurs se plaignent également du nombre de marchandises avariées sur lesquelles ils sont obligés de subir, à leur détriment, le montant des franchises; et que bien que les assureurs cherchent, par l'augmentation des primes, à compenser les différences qui s'établissent dans leurs caisses, ils n'arrivent à réaliser que de nouvelles pertes.

Chaque jour, disent les assureurs, il y a de nouveaux délaissements en ce qui touche principalement les meilleurs navires; et, chose extraordinaire, ces navires délaissés en pays étrangers et achetés par des tiers, continuent leur navigation, reviennent quelquefois en Europe, ayant subi des réparations bien moindres que celles ordonnées par les experts avant l'abandon, et coûtant par conséquent un prix inférieur à celui primitivement estimé pour remettre le navire en état de navigabilité.

Il y a donc mauvaise foi de la part des capitaines ?

Voilà sur quoi porte toute l'attention des assureurs.

Un ingénieur de l'École impériale des mines, M. Lissignol, s'est chargé de le leur démontrer; il a écrit à cet effet un long volume intitulé : *Les accidents de mer, et nécessité d'une réforme dans la police maritime.* Ce travail, que les Chambres de Commerce ont reçu, et nous dirons peu apprécié, n'est qu'un tissu d'erreurs. — Nous n'avons pas à nous occuper de l'effet qu'il peut avoir produit en haut lieu; il ne nous appartient pas de le faire. Les assureurs, nous le savons, l'ont accueilli avec bienveillance, bien qu'ils sachent tous que les questions pratiques abordées par l'honorable ingénieur, et résolues à sa façon, sont loin de compléter la vérité. Ils n'ont pas moins vu avec plaisir un homme ayant la même opinion qu'eux, et rejetant comme eux tous les délaissements et les avaries majeures sur le compte de la mauvaise foi des capitaines.

Nous avons peut-être moins d'intérêt que M. Lissignol à rectifier ces assertions, parce que nous sommes indépendant et complétement en dehors de la question que nous traitons. Voyons, cependant, ce qu'a dit M. Lissignol de sérieux touchant la marine à voiles et du commerce.

Il a déblatéré contre les capitaines; prétendu qu'il y avait duplicité de la part des armateurs, complaisance du constructeur; en un mot, il a conclu à ce que les armateurs n'achetaient les navires que dans le but de spéculer avec les capitaines contre les compagnies d'assurance qui couvraient leurs risques.

Voilà l'opinion de M. Lissignol.

Sur quoi donc est basée cette opinion? Sur une démonstration ayant un caractère de vérité? Non.

Nous regrettons d'être obligé de rappeler à M. l'Ingénieur, au nom du commerce, qu'une opinion n'a de valeur qu'autant qu'elle est établie sur des faits dont l'exactitude ne peut être mise en doute.

Nous regrettons surtout d'être obligé de nous adresser à un homme de son mérite, pour lui dire : « Vous avez été mal renseigné sur
» tous les points pratiques que vous abordez; le point principal, qui

» est celui où vous mettez en évidence la façon dont les armateurs
» et les capitaines opèrent pour tromper les assureurs en faisant à
» l'étranger l'abandon des navires, est dénué de vraissemblance. »
Le lecteur en jugera. Voici comment s'exprime M. Lissignol dans son ouvrage, et comment il explique la mauvaise foi des armateurs et des capitaines :

« Les lois françaises, dit-il, permettent au propriétaire de faire l'abandon de son navire aux assureurs si la détérioration s'élève aux 3/4 de sa valeur (article 369 du Code de Commerce). Un bateau, qui neuf vaudrait réellement 200,000 fr., est assuré pour 300,000 fr.; le capitaine le fait évaluer au port d'arrivée sous prétexte d'innavigabilité. L'expertise s'arrête au chiffre de 70,000 fr.; ce n'est pas le quart de 300,000, et le navire est légalement abandonné; mais si ce navire eût été assuré pour sa valeur réelle, le quar n'eût été que de 50,000 fr. et le délaissement eût été impossible. »

Eh bien! qu'il nous soit permis de dire en passant que l'explication donnée par M. l'Ingénieur est un non-sens; et comme toutes les questions pratiques qu'il aborde dans son ouvrage, concernant la matière, sont toutes résolues de la même manière, nous en concluons que les armateurs et les capitaines doivent se trouver grandement relevés de toutes les accusations dirigées contre leur bonne foi, puisqu'elles ne prennent d'appui que dans des exposés inexacts. Nous expliquerons ci-dessous comment on opère, lorsqu'il y a lieu de faire abandon du navire. Cela se pratique, Dieu merci, d'une manière diamétralement opposée à celle avancée par l'auteur des *Accidents de mer*.

M. l'Ingénieur des mines Lissignol ne s'en est pas tenu à la production d'erreurs qui peuvent, dans un public incompétent en telles matières, laisser peser des soupçons sur des hommes dont l'honorabilité ne peut être contestée; il a rappelé que les Compagnies d'assurance de Marseille avaient attiré l'attention de Son Excellence le Ministre de la marine sur la quantité de sinistres attribués à la mauvaise foi. M. Lissignol est d'avis que, pour les atténuer, il faut que, dans tous les ports étrangers, les capitaines qui feront des avaries majeures ou perdront leur navire, soient soumis à une enquête rigoureuse, non pas à une enquête banale; mais que par suite d'investigations faites parmi les hommes de l'équipage, on puisse arriver à la source de la vérité. Il ajoute : pour que ces enquêtes aient leur fruit, il faut d'abord retirer le brevet du capitaine et ne le lui rendre que lorsqu'il aura justifié, devant les Conseils de guerre ou les Tribunaux (selon la nature du délit), de *son innocence.*

En un mot, c'est une pression sérieuse qu'il faut exercer sur les capitaines, parce que ne reconnaissant aucun vice dans l'organisation des Compagnies d'assurance susceptible de motiver le nombre de délaissements réguliers qui se font, il faut tout rejeter sur le compte de la mauvaise foi; et, chose remarquable, c'est que presque tous les capitaines intéressés dans les navires sont en partie ruinés après les réparations ou à la suite de l'abandon. Où est donc le vice?

A notre avis, la pression exercée sur les capitaines ne peut amener les résultats qu'en espèrent M. Lissignol et les assureurs; elle doit, au contraire, leur être funeste (nous l'expliquerons dans un prochain travail sur les assurances).

Les assureurs savent bien que les capitaines n'ont pas le pouvoir de condamner ni de faire condamner leurs navires;

Qu'arrivant en avaries dans un port étranger, ils se trouvent sous la juridiction immédiate du consul de France; que c'est le consul qui nomme des experts de son choix, lesquels, pour procéder à leur visite, ne sont pas tenus de s'en rapporter à la relation du journal du bord, pas plus qu'à la déclaration des capitaines.

Les assureurs n'ignorent pas que c'est à la suite du rapport de ces experts nommés par le Consulat, et sur lequel sont relatées les avaries reconnues ou toutes les réparations que doit subir le navire pour être remis dans son état primitif de navigabilité, qu'a lieu une adjudication présidée par le consul ou son chancelier, à l'effet d'accueillir les soumissions, et que ce n'est que lorsque la soumission la plus basse pour faire les réparations dépasse les trois quarts de la valeur estimée et assurée du navire, que le capitaine en fait l'abandon (aux termes de l'article 369 du Code de Commerce), lequel abandon doit être légalisé par le consul de France.

Les assureurs savent bien aussi que la vente des navires s'effectue également par la voie du consulat, et que le produit de cette vente est recueilli par ce dernier et expédié au bureau d'armement du navire.

Voilà peut-être ce que M. Lissignol ne savait pas.

A la suite de ce que nous venons d'exposer, il faut reconnaître que pour que les capitaines fussent coupables, il faudrait admettre qu'il y eût complicité de la part des experts, complicité et entente entre tous les adjudicataires, et adhésion du consul, ce qui est impossible et ne doit pas même être supposé.

Non, le vice n'est pas où ces Messieurs veulent bien le trouver.

Il n'y a de la part des capitaines ni abus ni mauvaise foi ; ces derniers agissent loyalement et légalement dans la protection des intérêts qui leur sont confiés, les assureurs ne font que subir la conséquence de la situation anormale qu'ils ont créée et aident encore à maintenir.

Comme nous l'avons déjà indiqué, le Veritas a changé de rôle : il n'est plus aujourd'hui un bureau de renseignements, il est directeur des constructions, mieux que cela encore, il est un maître absolu : l'armateur, le capitaine, aucun d'eux n'ont le droit de faire construire ni gréer le navire à leur convenance, sans qu'ils soient exposés à avoir une cote inférieure à celle qu'ils sont en droit d'obtenir.

La cote sur le Veritas est le régulateur de la prime exigée par les assureurs pour l'acceptation du risque.

La cote du navire guide également le chargeur pour la mise à bord de sa marchandise et le prix du fret.

Le Veritas est donc le moteur de toutes les spéculations des tiers contre l'armateur ou le navire.

Les assureurs, pour couvrir le risque avec une prime ordinaire, exigent que le navire soit coté : les armateurs sont donc obligés de subir la loi de ces deux administrations, n'en formant qu'une seule, et même divisées seulement par le nom. Le directeur du Veritas est lui-même directeur de la Compagnie d'assurance *le Lloyd ;* les experts, ceux qui ne représentent pas les Compagnies d'assurance de Paris, sont soldés par les assureurs des ports pour leur fournir des renseignements en même temps que pour les représenter dans toutes les expertises ayant trait aux avaries de navires. En face de cette organisation vicieuse, les armateurs demeurent isolés dans le débat de leurs intérêts, et ils sont à la merci du Veritas et des assureurs, qui spéculent contre eux en profitant de tous les avantages de leur position.

Certes, le capitaine, lorsqu'il a une part sur le navire, n'a aucun intérêt à faire une relâche. Il ne la fait que quand une avarie l'y oblige, pour deux raisons :

La première, c'est que si l'avarie est légère, elle ne dépasse pas les franchises et lui reste pour compte ;

La deuxième, c'est que si l'avarie est majeure, le navire en paie près des 45 centièmes, qui consistent dans la réduction des franchises et dans la différence du tiers à titre d'indemnité d'usure que les assureurs déduisent du montant à payer.

Le temps perdu par le navire n'est nullement indemnisé ; on peut alors dire que dans une relâche, la perte pour l'armateur est tout au moins égale à celle des assureurs, et souvent bien au-dessus.

Les capitaines n'ont donc aucun intérêt à calculer les relâches, pour une raison bien simple : c'est qu'avec la somme que les assureurs déduisent du montant de l'avarie et que l'armateur supporte, on ferait subir au navire, dans son port d'armement, une réparation meilleure que celle que l'on exécute à l'étranger.

Nous devons conclure de cette nouvelle démonstration, que les capitaines ne font de relâche qu'à la suite de fortunes de mer, et cela lorsqu'ils s'y trouvent contraints et forcés.

L'armateur ou le capitaine co-propriétaire ne sont pas plus intéressés à faire l'abandon volontaire qu'ils ne le sont à augmenter une avarie qui ne peut les y conduire.

Le délaissement, indépendamment des franchises ordinaires que l'on déduit du montant de l'assurance, a pour conséquence la perte du fret et la rupture de l'opération ou du voyage; ce n'est jamais un moyen de réaliser des bénéfices, comme semblent l'indiquer les assureurs; car il n'est pas un capitaine intéressé dans le navire qui, par suite d'un abandon, d'avaries ou de sinistre, n'ait perdu considérablement sur la valeur de son intérêt.

Après avoir démontré qu'il n'y a ni mauvaise foi ni intérêt de la part du capitaine, nous nous trouvons en présence de deux questions qui font aujourd'hui l'objet de toutes les recherches.

La première, pourquoi cette recrudescence d'abandons de navires neufs jouissant de la première cote au Veritas, ou faisant partie de la première division de classement?

La deuxième, pourquoi ces navires, une fois délaissés et vendus à des tiers, reprennent-ils la mer à la suite de réparations très-minimes, comparativement à celles ordonnées et ayant motivé l'abandon?

La réponse à ces deux questions est des plus faciles. La première condition de l'assurance est la cote au Veritas. La prime est réglée en raison de cette cote, qui, aux yeux des assureurs et des chargeurs, établit le mérite du navire; il en résulte que lorsque celui-ci fait une avarie de nature à forcer sa relâche, il faut non-seulement que ce navire soit mis en état de continuer son voyage, mais encore qu'il soit remis dans ses conditions d'assurance, c'est-à-dire en état de conserver, au retour dans son port d'armement, sa cote au Veritas, sans être obligé de recommencer à faire pour le compte de l'armateur des réparations dont la fortune de mer serait la seule cause.

Un exemple : Un navire reçoit entre deux lames un coup de mer ne déferlant pas, mais brisant sur l'arrière; la secousse qu'imprime au navire ce coup de mer, par suite de la résistance que lui oppose la convexité de la lame sur l'avant, occasionne un ébranlement général, ayant pour conséquence la rupture de quelques barrots, puis un relâchement dans une partie des liaisons du plan supérieur du navire : il est évident qu'à la suite d'un choc aussi violent, la carène a dû souffrir et le navire faire de l'eau; la relâche est décidée.

Arrivé dans le port, le navire fait tout à coup moins d'eau; seulement, on voit que sa tonture n'est pas uniforme et que, sous le poids du chargement dont il était accablé lorsqu'il reçut le coup de mer, les plans longitudinaux ont cédé.

Le navire, à l'exception des dommages signalés dans sa partie supérieure, une fois déchargé, paraît en bon état. Eh bien ! pour que ce navire soit remis dans son état primitif, il ne suffit pas d'aveugler la voie d'eau en calfatant les écarts, ni d'enlever les barrots ou de les jumeler, ni même de consolider les autres parties des liaisons, il faut qu'il soit remis dans ses conditions d'assurance, et le même navire ne pourra être remis dans ces conditions nécessaires pour lui qu'autant que les réparations qu'il aura subies lui permettront de conserver sa cote au Veritas, et la même que celle dont il jouissait lorsque l'assurance fut contractée ; ce qui entraînerait indubitablement à faire une dépense qui dépasserait les trois quarts de la valeur assurée.

Mais il n'en sera pas de même pour le tiers qui, par suite de l'abandon et de la vente, en sera devenu le propriétaire. Ce tiers se bornera à consolider le navire dans ses parties les plus essentielles ; il le mettra en état de navigabilité, mais non dans des conditions d'assurance et moins encore dans celles exigées par le Veritas pour lui conserver sa cote.

Les assureurs ne couvriront pas le risque dans son entier, le nouvel armateur assumera donc sur lui la majeure partie de la responsabilité de son achat.

Il ne faut pas ici perdre de vue que le passage d'une cote supérieure à une inférieure, bien qu'à notre avis cette appréciation soit des plus vicieuses et des plus irrégulières, entraine la diminution de la valeur du bâtiment, et que c'est pour cela qu'il est essentiel, dans une avarie, non pas de mettre le navire en état de continuer son voyage, mais dans celui de conserver la valeur qu'il avait lorsqu'il contracta l'assurance ; c'est-à-dire qu'il n'y ait pas de réduction dans sa cote. Eh bien ! les réparations que, pour ce faire, dans le cas cité plus haut, les navires sont obligés d'exécuter, entrainent presque toujours l'abandon.

Les capitaines, comme on veut bien le dire et comme on semble le croire, ne sont guidés ni par la mauvaise foi ni par un intérêt blâmable. En agissant ainsi, ils se renferment exactement dans les limites qui leur sont tracées par les assureurs, car le guide pour les capitaines, dans la réparation de l'avarie, doit être le même que celui des assureurs pour contracter l'assurance : LA COTE.

Par suite de cet exposé, on reconnaîtra que les assureurs ne font que supporter les conséquences de la situation dans laquelle ils ont eux-mêmes placé les capitaines, situation, comme nous l'avons déjà indiqué, anormale, préjudiciable à leurs intérêts; car si le Veritas procure aux assureurs les moyens de bénéficier de un pour cent sur les primes, en donnant quelquefois aux navires des cotes inférieures à leur mérite, il leur fait jouer le plus souvent cette différence de prime contre la valeur totale de ces navires.

On entend toujours dire que ce sont les armateurs et les capitaines qui spéculent. Comment le feraient-ils? D'abord, il est bien rare qu'un navire neuf soit assuré pour une valeur au-dessus de son prix de revient; d'un autre côté, les assureurs n'assurent jamais un navire le même chiffre durant plusieurs années; ils connaissent trop bien pour cela les lois de l'amortissement et de l'usure. Quel serait donc le résultat de la spéculation des armateurs ? La réalisation de pertes certaines.

Beaucoup de navires sont abandonnés bons encore, excellents même; mais cela tient, et nous persistons à le dire, à la spéculation organisée par le Veritas contre les navires en faveur des assureurs. Le capitaine, en face de spéculateurs, sachant à l'occasion profiter des excès de zèle qu'il commettrait à son préjudice, donne, et c'est à juste titre, une large protection aux intérêts qui lui sont confiés.

Le Veritas, on ne saurait le nier, est la barrière séparant la confiance qui devrait exister entre l'assureur et l'assuré.

Le Veritas est un spéculateur qui, comme nous l'avons indiqué, nuit à toutes les parties intéressées dans le navire. Il accorde une large protection aux assureurs, en exerçant une pression absolue sur les armateurs; par ce moyen, il divise la confiance mutuelle qui devrait exister entre eux au point de vue de leurs intérêts placés sous une même tutelle; agissant ainsi dans le but de conserver l'appui des assureurs, condition nécessaire à son existence, il jette ces derniers dans un cercle vicieux et préjudiciable aux résultats de leurs spéculations, tout en entravant la liberté commerciale et en mettant un obstacle à la sûreté de la fortune maritime.

Que l'on se donne la peine de réfléchir sérieusement sur ce point; que l'on envisage la question froidement, on reconnaîtra, nous n'en doutons pas, que le vice est particulièrement dans l'absolutisme qu'exerce le Veritas; on reconnaîtra, disons-nous, que cette institution, exerçant un arbitraire sans limites tout en préjudiciant aux armateurs, fait incomber aux assureurs une responsabilité qui ne tend guère moins qu'à précipiter leur ruine.

Le Veritas est aujourd'hui une institution nuisible, on ne saurait le mettre en doute; nuisible pour les assureurs, nuisible pour les armateurs, ne portant profit à personne, si ce n'est à ses directeurs.

Dans les conditions où cette institution exerce aujourd'hui, et par suite du préjudice qu'elle cause, elle n'a pas de raison d'être.

IV.

CONCLUSIONS.

Nous croyons qu'il est du devoir des Chambres de Commerce d'examiner cette grande question au point de vue des intérêts généraux.

et Chambre de Commerce de Bordeaux ayant toujours fait preuve de la plus grande sollicitude pour la conservation des intérêts qu'elle représente, nous n'hésitons pas à lui rappeler que c'est elle, en 1852, qui prit l'initiative de l'examen du Règlement présenté par le Directeur du Veritas, et ayant pour but de coter les navires à terme.

Nous lui rappellerons qu'elle n'acquiesça à la mise en pratique de ce Règlement qu'après avoir elle-même arrêté avec M. le Directeur la rédaction des articles 17 et 18, lesquels stipulaient pour le commerce des garanties suffisantes contre tout arbitraire susceptible d'être exercé par l'administration du Veritas ou de ses agents, envers les capitaines ou les armateurs.

Nous lui ferons observer que ces garanties, qu'elle avait cru devoir exiger en 1852, ont été supprimées à son insu depuis l'année 1859, et que, par suite, le Veritas s'est établi sur un degré d'omnipotence tel, qu'une perturbation commerciale est inévitable.

Le gouvernement ne permettra pas, et cela nous en sommes certain, qu'en France un seul homme n'ayant aucun caractère officiel aux yeux de la loi, tienne à sa merci la fortune des armateurs, des capitaines et des constructeurs de navires!

M. le Ministre de l'agriculture et du commerce, dans l'assemblée qui eut lieu en décembre 1856, n'a jamais entendu, pas plus que les délégués en faisant partie, que les experts du Veritas, dont un est placé dans chaque port, aient le libre arbitre d'ordonner, faire changer ou exécuter à bord d'un navire toutes choses selon leur gré ou leur caprice et sans contrôle, sous peine de considérer ce navire impropre à l'assurance en même temps qu'à l'affrétement.

Nous sommes heureux de constater avec certitude que M. le Ministre du commerce n'avait vu que l'utilité de l'institution; que les garanties qui furent stipulées en 1852 sur la demande de la Chambre de Commerce de Bordeaux lui avaient paru suffisantes pour éviter les abus, et que ce n'est qu'à cette condition qu'il a autorisé la continuation de son existence.

Nous concluons donc en émettant l'opinion :

1° Que le Veritas ne doit être, comme dès le principe de son institution, qu'un bureau de renseignements, mais de renseignements officiels, et que, pour ce faire, il faut que toutes les inscriptions faites sur ses registres lui soient fournies par les experts de la Commission d'Amirauté, qui eux-mêmes en ont le caractère.

La Commission d'Amirauté, formée par des hommes les plus compétents, devra juger du mérite du navire pour le voyage qu'il doit entreprendre, et cela en présence de l'expert du Veritas ou des assureurs, et du capitaine représentant l'armateur. Ces derniers devront avoir le droit de faire part de leur appréciation personnelle, libre à la Commission de l'Amirauté d'en tenir compte.

Il faut, en un mot, que la Commission de l'Amirauté, au vu des intérêts qui sont confiés à ses appréciations, exerce, comme par le passé, avec toute la plénitude de sa conscience et de son droit, et que l'appréciation d'un seul homme (expert du Veritas) sans caractère aux yeux de la loi, ne vienne pas détruire les effets de sa mission;

2° Comme nul ne peut apprécier la durée d'un corps flottant

construit avec des matériaux de différentes espèces, nous en concluons que la cote à terme est un foyer de spéculations qu'il faut supprimer;

3° Nous sommes d'avis également que l'âge des navires ne doit pas être le guide de leur valeur ou de leur mérite; qu'en un mot, un navire est bon ou mauvais; que l'appréciation doit en être faite selon sa valeur propre par une commission compétente et non par l'expert du Veritas.

Nous n'avons pas eu la prétention d'établir ici un programme des réformes et des modifications à apporter dans l'intérêt général du commerce, car nous savons que les diverses Chambres qui le représentent jouissent de toute la compétence voulue pour en dessiner le projet; mais nous n'en recommandons pas moins les trois points que nous avons indiqués comme devant en faire les bases principales.

Bordeaux, le 25 juillet 1860.

L. LABADIE.

www.ingramcontent.com/pod-product-compliance
Lightning Source LLC
Chambersburg PA
CBHW071752200326
41520CB00013BA/3217